LILA

Dana Dalea

Ordering Information:

Prime Seven Media
518 Landmann St.
Tomah City, WI 54660

Printed in the United States of America

CUPRINS

Cuvântul Autoarei 1

Poezie 2

Curriculum Vitae Europass 3

Capitolul 1   Copilăria 9

Capitolul 2   Banatul de munte 12

Capitolul 3   Satul 15

Capitolul 4   Banatul de pustă 18

Capitolul 5   Clătite bănățene 20

Capitolul 6   Adolescența 23

Capitolul 7   Cetatea de pe Bega 25

Capitolul 8   Bunica 28

Capitolul 9   Țara mea 31

Capitolul 10   Maturitatea 35

Studiu de caz 2 37

CUVÂNTUL AUTOAREI

Mă numesc Dana Dalea. Sunt Profesoară. Primii 10 ani am predat Limba şi literatura Română la Liceu. Am fost Preparator Universitar Limba Spaniolă la o Universitate Privată din Timişoara. În prezent predau Cultură şi Civilizaţie Spaniolă în învăţământul non-formal.

Sunt unicul administrator al firmei mele de cultură, cu sediul în Timişoara şi cu un punct de lucru.

Colaborez on-line cu multe instituţii private şi de stat din mai multe ţări, cu profesori şi elevi ori studenţi din Uniunea Europeană, din continentele: Europa, America, Asia, Africa.

POEZIE

Țurțuri

&

Flori de gheață

De Dana Dalea

Iarna. Copiii în casele din sat,
Lângă cuptoarele cu lemne
Se joacă cu chibrituri.
Ei construiesc:
O casă, o fântână, o Biserică – o machetă.
La geamul ce dă în stradă
Au apărut forme de flori de gheață,
Iar la streșină – țurțuri.
Afară ninge cu soare. Copiii pe străzi
Fac oameni de zăpadă,
Se bat cu bulgări,
Se dau cu săniuța.

CURRICULUM VITAE EUROPASS

Nume / Family Name: Dalea

Prenume / Surname: Dana

Naționalitate / Nationality: România

Sex: Feminin Female

Data Naterii / Date of Birth: 06.02.1983

Locul Nașterii / Place of Birth: Reșița

Domiciliu / Place of Living: Timioara

Contact

Număr de telefon / Phone Number: +40729712065

Adresă de e-mail/ E-mail Adress: <u>corazon_hisp_ro@</u>
<u>yahoo.com</u>

Studii / Studies

Școala Generală Nr 9 din Reița / Primary and Secoundary School of Reșița

Liceul Teoretic Mircea Eliade din Reșița – Secția de Informatică / High School in ICT

Facultatea de Litere, Teologie și Istorie a Universităii de Vest din Timișoara, specializarea Română – Spaniolă / Faculty of Foreign Languages of The West University of Timisoara

Masteratul Politici Culturale Europene a Facultății de Arte Plastice a Universității de Vest din Timioara/ Master Degree in European Studies and Polities of The West University of Timișoara

Locul de muncă / Place of work:
Teacher of Foreign Languages
President of Aprendisaje Digital SRL Timișoara România

Hobbies:
Foreign languages, Arts, paint, music and dance, travelling

I like very much Erasmus + Projects and its great opportunities inside European Union.

Writter:
1. Monografia comunei Pădureni, ISBN
2. Poezii, ISBN
3. Poeziile elevilor mei, ISBN
4. Fierbinte, ISBN
5. În umbra iubirii. ISBN
6. Legende ilustrate, ISBN
7. Turlipan, vol I, vol II, ISBN

Traslator:
Romanian language to Spanish language
Spanish language to Romanian language

Project Writter:
Start Up Nation

Courses and Programs:
1. Ombustman – University of Madrid, Spain

Programs:
Livresq
G suit for Education
Wakelet
Canva
Kahoot
Story Jumper
Figma
Etc.

Love + Think = Act

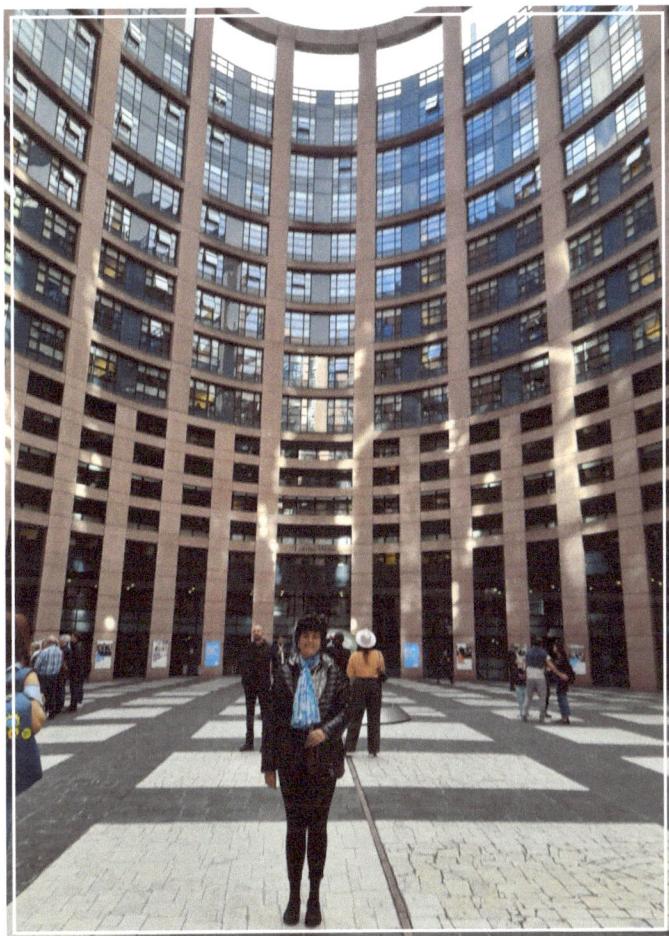

CAPITOLUL 1

Copilăria

Ană, chică galbenă,
Dorul tău mă leagănă.
Ană, chică galbenă,
Dorul tău mă leagană,

Şi-apoi didă-didă, dodă, nană,
Ţucuce mândruţ-o, că-mi eşti tare dragă!

(Radio Reşiţa – Dragostea mea)

- Am învăţat să cos! După mai multe modele pe carton cu acul şi aţa obişnuite, acum pot reuşi câteva modele de cruci pe etamină. Acesta este conturul unui tablou! Mai târziu o să reuşim să coasem pe pânză şi să croim. Vom face rochiţe la păpuşi!

Cu fetele în spatele blocului cu patru etaje, din cărămidă şi lung de câte şase scări A, B, C, D, E, F, cu apartamente cu două camere, trei camere sau patru camere, garaje şi grădini, Ana cosea.

Blocul era situat lângă o pădure de salcâmi.

Lemnul de salcâm, frunzele verzi, mici şi rotunde, dar mai ales florile de salcâm erau apreciate de către copiii care se jucau adesea: De-a Aprozarul, De-a mama şi de-a tata, De-a v-aţi ascunselea şi alte jocuri interesante. De la geamuri erau priviţi uneori de către părinţi.

Combinatele Siderurgice CSR şi UCMR de unde a fost realizat oţelul de calitate folosit chiar la construcţia turnului Eiffel din Paris (Franţa, Europa) producea o mare poluare. Se vedeau adesea nori negri-roşiatici de la furnale.

Noaptea, privit de la intrare, de pe deal, oraşul părea ca o pânză de paianjăn cu luminiţe adunate grămadă spre vale.

Ziua oraşul părea cu o singură arteră principală, longitudinal, geografic fiind situat în Lanţul Munţilor Carpaţi, între Muntele Semenic şi Muntele Mic.

Transportul era variat: biciclete, moticiclete, maşini, autobuze, tramvaie, trenuri, tractoare sau chiar căruţe cu cai.

Sus pe munte, pe Semenic, la altitudine, clima era irespirabilă, tăioasă, rece. Bineînţeles că acolo iarna copiii se dădeau cu săniuţa, cu schiurile, cu bob-urile.

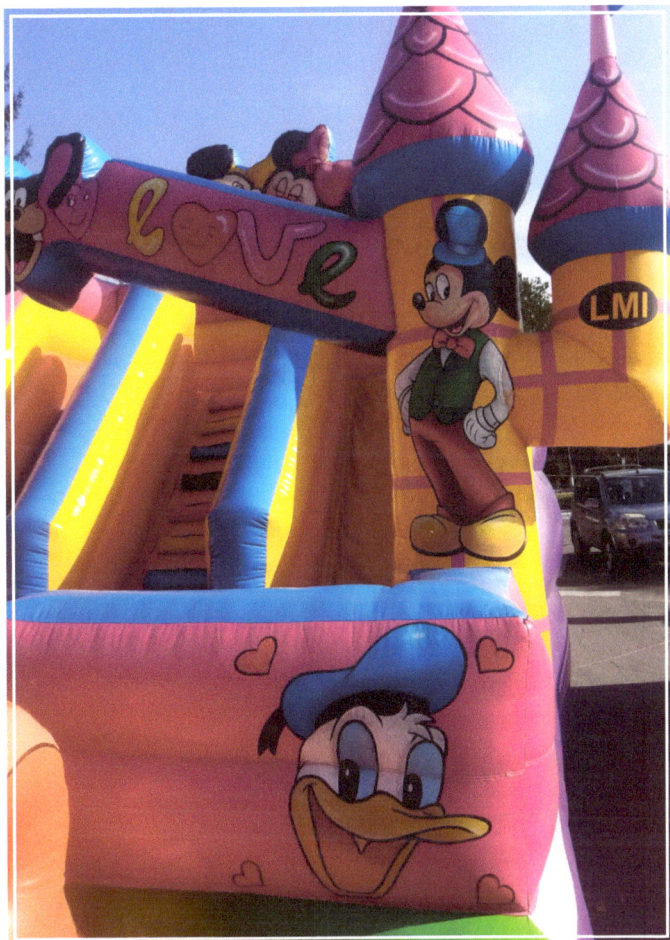

CAPITOLUL 2

Banatul de munte

Costumele populare bănățene de femei din satele de munte erau frumos brodate cu mărgele, cusute manual, ciupag cu flori, cotrință și succnă.

Cu diferite ocazii de petrecere de tip religios sau doar de tip traditional, tinerii poartă costume populare la: botezuri, nunți, de Sfânta Maria, de Sfântul Ion, de Ruga satului.

Nu se poartă haine colorate, ci doar negre la inmormântări și la pomenele de 6 săptămâni, de 6 luni, de 1 an, de 3 ani, de 7 ani.

Sălașele de pe dealuri, Casele locuitorilor, cu grădini mari pe coastă, gospodăriile cu păsări de curte, animale domestice, ierburi și plante aromatice pentru ceai (mentă, sunătoare, păpădie, mușețel, busuioc, cimbru, coada șoricelului, etc.) cu flori și pomi fructiferi predominant cireși, amintesc de folclorul românesc.

Aerul curat, apele, râurile care izvorăsc din munte, cu locuri cu argilă galbenă, alte locuri cu argilă roșie ori în alte locuri cu argilă albastră.

Mănăstirea de la intersecție de drumuri este locul unde Preotul și Călugărițele au chilii frumos amenajate, curate, bucătărie și sală de mese, loc pentru Perelini, solare cu legume, livezi.

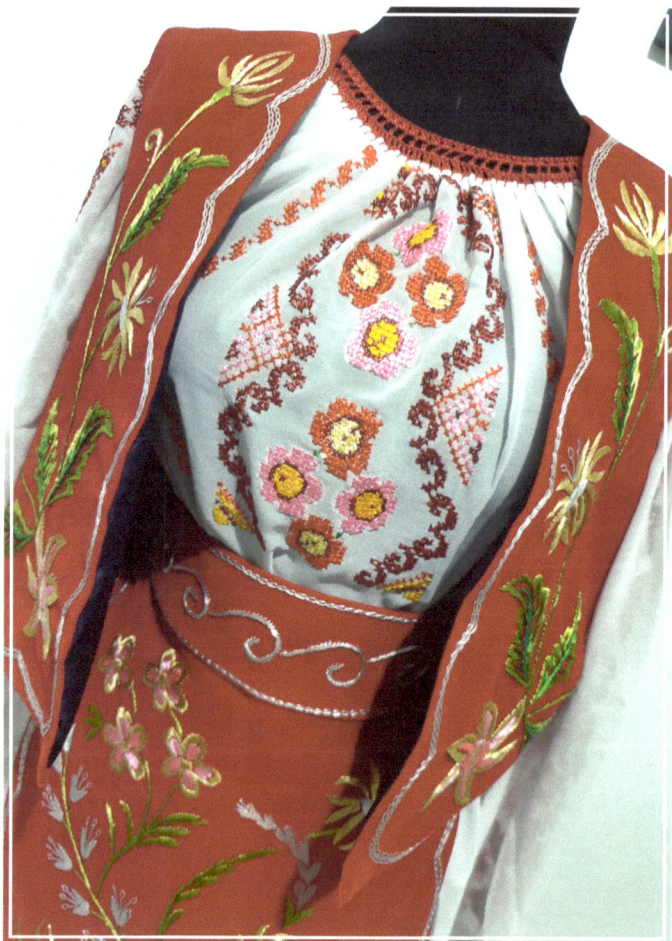

CAPITOLUL 3

Satul

Culoarul de ape Timiş-Cerna cu multe peşteri şi cascade se varsă în Fluviul Dunărea.

Păstrăvăria este un loc prietenos unde se poate pescui un peşte Păstrăv, iar apoi personalul îl poate găti la grătar. Se mănâncă cu mămăliguţă şi cu mujdei de usturoi.

Vegetarienii pot servi o salată de legume cu ciuperci.

Cascada Ochiul Beiului, locul numit Lacul Dracului, cât şi cascada Beiuşniţa, Peştera cu muscă, Cheile Nerei, Munţii Aninei, fostele mine de U, Cu, Au, Ag, aparţin acestei Regiuni de Vest a ţării.

Geografia, Istoria, Legendele locului, tradiţia, Folclorul, Religia, pot constitui parte de Science & Fiction.

Privind Dunărea în fiecare dimineaţă şi seară, se poate obseva o paletă de culori: uneori albastră, alteori verde, alteori portocalie.

- Citesc o poveste din cartea mea preferată Poveşti cu zâne, de Contesa de Monte Segur, tradusă în limba română!

Ana făcea poze. Uneori colora sau desena sau picta.

-   Îmi plac culorile!

Cartea Cuore de Elmondo de Amicis, tradusă în limba română mă pune pe gânduri, mă întristează, în final mă bucură acele întâmpări nefericite cu final fericit, gândi Ana.

-   Cum adică cartea cu ore? Are și ceas? Întrebă mama Anei. Tocmai vorbea la telefon cu prietenii.

CAPITOLUL 4

Banatul de pustă

Banatul de pustă, cu râul Bega navigabil, Timişoara – rămâne o cetate modernă a tineretului.

Râul Bega se varsă în Dunăre în capitala Belgrade a ţării vecine Srbija.

Aici locuiesc tineri români din toate regiunile ţării(Banat, Transilvania, Moldova, Oltenia), tineri din ţările vecine (Bulgaria, Serbia, Ungaria, Austria, Croaţia, Boznia & Herţegovina, Muntenegru, Ucraina), dar şi studenţi internaţionali din continentele Europa, Asia, Africa şi America de Sud.

CAPITOLUL 5

Clătite bănățene

Clătitele bănățene se fac normal cu aluat din ouă, lapte, făină de grâu, zahăr și sare, se prăjesc în ulei, apoi se lasă să se răcească puțin.

Încă calde se adaugă brânză dulce și stafide și se rulează.

După ce rulăm câteva clătite, acestea se așează unele lângă altele în tavă.

Se sparg câteva ouă de la care se folosește doar albușul, care se bate cu zahăr cu telul sau cu mixerul.

Albușurile bătute spumă se toarnă peste clătitele rulate din tavă, apoi tava se bagă la cuptor.

Se lasă la foc 5-10 minute până când se rumenesc un pic.

Se scot pe farfurie câte una și se servesc.

Se pot orna cu scorțișoară, cu cacao sau cu zahăr vanilat.

Se urează: Poftă bună! Mesenilor.

CAPITOLUL 6

Adolescența

Plimbându-ne cu vaporașul pe Bega putem contempla un altfel de peisaj, observând clădirile de jos în sus.

Survolând aerul cu avionul putem contempla lumea de sus in jos, de la distanță tot mai mică, până ce avionul dispare printre rânduri de nori.

Rebusul meu:

CARANSEBEȘ

ILIDIA

UTVIN

PĂDURENI

ORAVIȚA

GĂTAIA

Acesta îmi amintește de jocul din copilărie Ț.O.M.A.P.A.N. (țări, orașe, munți, ape, nume, etc.). Se juca astfel: un copil spunea Alfabetul în gând, un altul spunea Stop și îi cerea să spună la ce literă a ajuns. Apoi jocul începea. Fiecare spunea câte un nume de țară cu litera respectivă, altul un nume de oraș cu litera respectivă, un altul un nume de munte și așa mai departe.

Un alt joc secret era realizarea unui jurnal într-o agendă în care fetele notau ce făceau ele în ziua respectivă şi periodic.

Pentru băieţi mai era şi comunicarea prin diferite sunete adăugate repetitiv unui cuvânt deja existent ca de exemplu limbajul păsăresc, cu multe litere de P ca şi consoane urmate de silabele unui cuvânt deja existent. Sau scrierea codificată. Sau mai târziu limbajul morse.

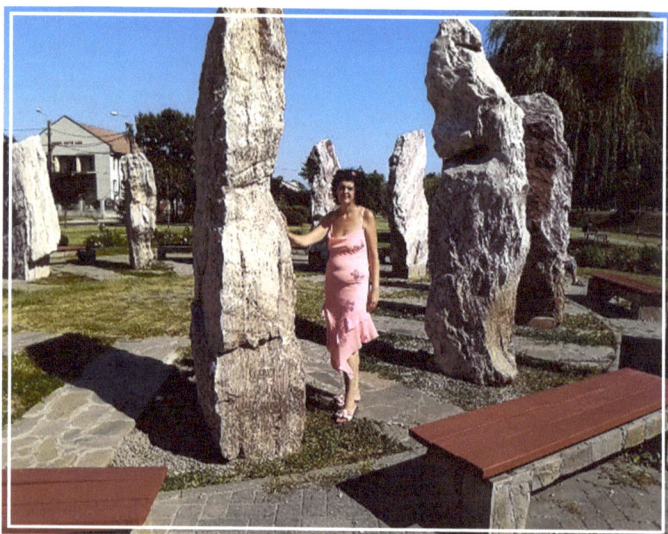

CAPITOLUL 7

Cetatea de pe Bega

Echipa de Fotbal Poli Timişoara a câştigat meciul la ei acasă.

(TVR Timişoara)

Către Aeroportul Internaţional Traian Vuia există un deosebit hotel de 4 stele care primeşte oaspeţi cu vouchere de vacanţă, foarte bine amenajat: cu două piscine exterioare şi şezlonguri, copaci şi duşuri, cu o sală de fitness, cu o sală de pin-pong, cu o piscină interioară, bazin de înnot, jacuzzi, sală de relaxare, aromoterapie, salină, saună uscată şi saună umedă, duşuri, vestiare, duş finlandez, camere de hotel frumos amenajate, săli de mese, masaj, Ana se simţi relaxată.

După câteva zile de răsfăţ, mai ales în week-end, Ana reuşi să lege noi prietenii.

Ajungând din nou la blocul ei nou construit, cântărindu-se a mai slăbit 5 kg.

CAPITOLUL 8

Bunica

Sună telefonul:

- Am căzut și sunt pe jos. Să veniți să mă luați de aici.

Era bunica. Rămase singură în cele trei case de la sat în curte comună.

Tatăl încă mai conduce mașina și a mers după bunica.

Când a ajuns, bunica era albă la față, nu putea vorbi și nu prea se mai putea deplasa decât cu un cadru.

Sănătoasă toată viața ei, de la cazătură i s-au format cheaguri de sânge pe venele de la picior, care au plecat în sus, spre inimă.

- Mama se simte rău. Am internat-o în spital.

A fost dusă la spital cu Salvarea.

Bunica este mama mamei.

Locul a rămas pustiu. Casele necesită reparații periodice.

Acum locuim cu toții într-un apartament.

CAPITOLUL 9

Țara mea

Ziua Națională a României se serbează de către toți românii de două ori pe an: Mica Unire – 24 ianuarie și Marea Unire – 1 Decembrie.

Cu toate formele de relief: dealuri, munți, Lanțul Munților Carpați, văi, podișuri, depresiuni, lacuri, râuri, Fluviul Dunărea, mări, Marea Neagră, cu mine, peșteri, cascade, cu climă Temperat- Continentală, cu patru anotimpuri: primăvara (vânt, soare), vara (soare), toamna (vânt, ploaie, ceață, soare), iarna (zăpadă, lapoviță, brumă, ceață, soare), cu orașe și sate, cu județe și regiuni, cu o singură religie oficială, o singură limbă literară, țara rămâne o mică țară latină în Peninsula Balcanică, între țările slave.

CAPITOLUL 10

Maturitatea

Şcoala la care mergeam avea trei corpuri de clădire: o clădire pentru grădiniță și clasele 1 – 4, o clădire pentru clasele 5 – 8, o clădire pentru Liceu.

Studiu de caz 1

Mihai Eminescu – geniul nostru național – luceafărul poeziei românești a scris: poezie, proză, atingând toate speciile literaturii romantice.

Romantic prin excelență, Mihai Eminescu a scris:

Poezii:
- Poezie de leagăn: Lacul
- Poezie cu descrierea naturii terestre: Codrul, Ce te legeni,
- Poezie de dragoste: Floare Albastră, Călin(file din poveste), Pe lângă plopii fără soț,
- Poezie pariotică: ciclul de Scrisori: Scrisoarea I, Scrisoarea II, Scrisoarea III, Scrisoarea IV, Scrisoarea V
- Odă: Odă (în metru antic)
- Poem: Luceafărul
- Sonet: Sonet

Proză:
- Basm: Făt-frumos din lacrimă
- Nuvelă: Sărmanul Dionis
- Roman: Cezara

Dramaturgie:
- Operă neterminată

Poezie postumă
- Unele dintre poeziile sale pot fi cântate ca: doină, baladă sau ca romanţă.

STUDIU DE CAZ 2

Rosalia de Castro, romantică spaniolă, născută în regiunea Galicia a Spaniei, în localitatea Santiago de Compostela.

Opera sa a fost scrisă atât în limba gallego, cât și în castellano/ espanol. S-a remarcat prin:

Poezie:
- Cantares gallegas
- La Fluor
- A mi madre

Proză:
- La hija del mar
- Ruine
- Las literatas
- El caballero de las botas azules
- El primer loco

Opera sa a avut multe traduceri internaționale.